Impressum
Verlag: BABADADA GmbH, Nedderfeld 112 , 22529 Hamburg
Geschäftsführer / Verlagsleitung: Harald Hof
Druck: Books on Demand GmbH, In de Tarpen 42, 22848 Norderstedt

Imprint
Publisher: BABADADA GmbH, Nedderfeld 112 , 22529 Hamburg, Germany
Managing Director / Publishing direction: Harald Hof
Print: Books on Demand GmbH, In de Tarpen 42, 22848 Norderstedt, Germany

# sekolah

## xue xiao

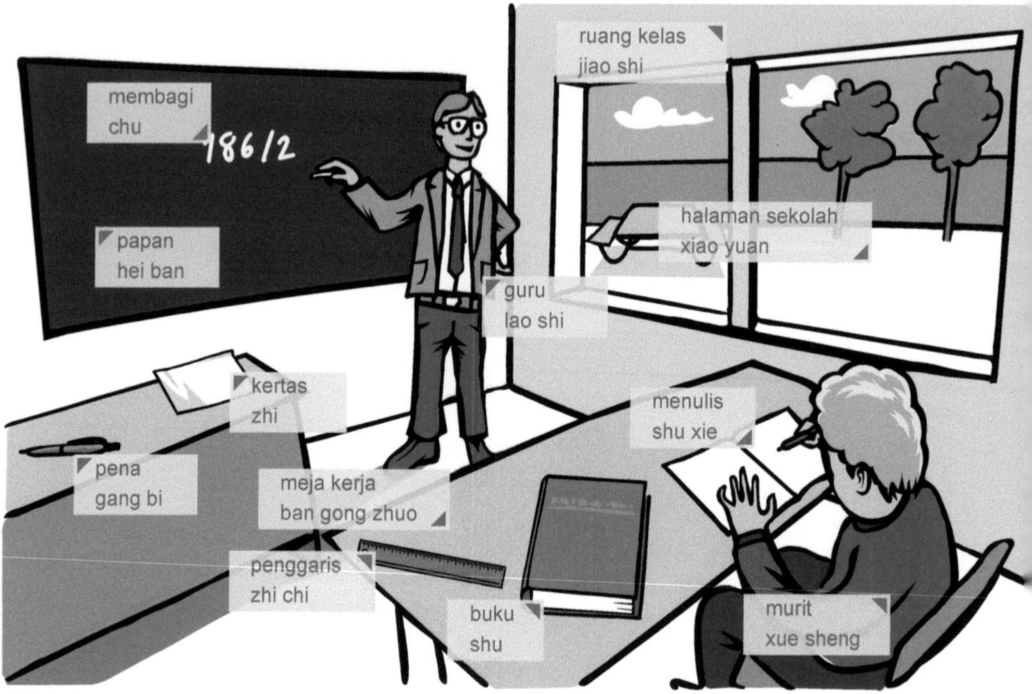
ruang kelas
jiao shi
membagi
chu
186/2
papan
hei ban
halaman sekolah
xiao yuan
guru
lao shi
kertas
zhi
menulis
shu xie
pena
gang bi
meja kerja
ban gong zhuo
penggaris
zhi chi
buku
shu
murit
xue sheng

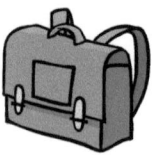

tas sekolah

shu bao

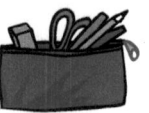

tempat pensil

qian bi he

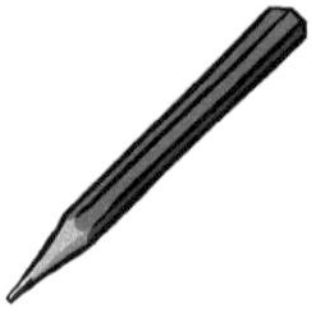

pensil

qian bi

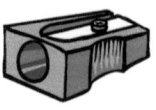

pengasah pensil

juan bi dao

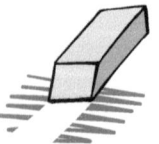

penghapus

xiang pi ca

kertas gambar

hua ban

gambar

tu hua

kuas

hua bi

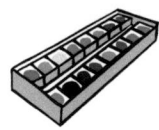

kotak cat

yan liao he

gunting

jian dao

lem

jiao shui

buku latihan

lian xi ce

pekerjaan rumah

jia ting zuo ye

angka

shu zi

tambhakan

jia

mengurangi

jian

mengalikan

cheng

menghitung

ji suan

huruf

zi mu

alfabet

zi mu biao

kata

zi

teks

ke wen

membaca

du

kapur

fen bi

pelajaran

shang ke

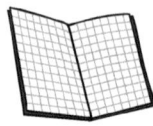

daftar

deng ji

ujian

kao shi

sertifikat

zheng shu

seragam sekolah

xiao fu

pendidikan

jiao yu

ensiklopedi

bai ke quan shu

universitas

da xue

mikroskop

xian wei jing

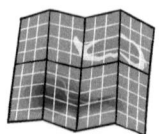

peta

di tu

tempat sampah

fei zhi kuang

# perjalanan
# lü xing

hotel
jiu dian
Grand
hostel
qing nian lü xing she
kantor pertukaran mata uang
wai bi dui huan chu
koper
shou ti xiang
mobil
qi che

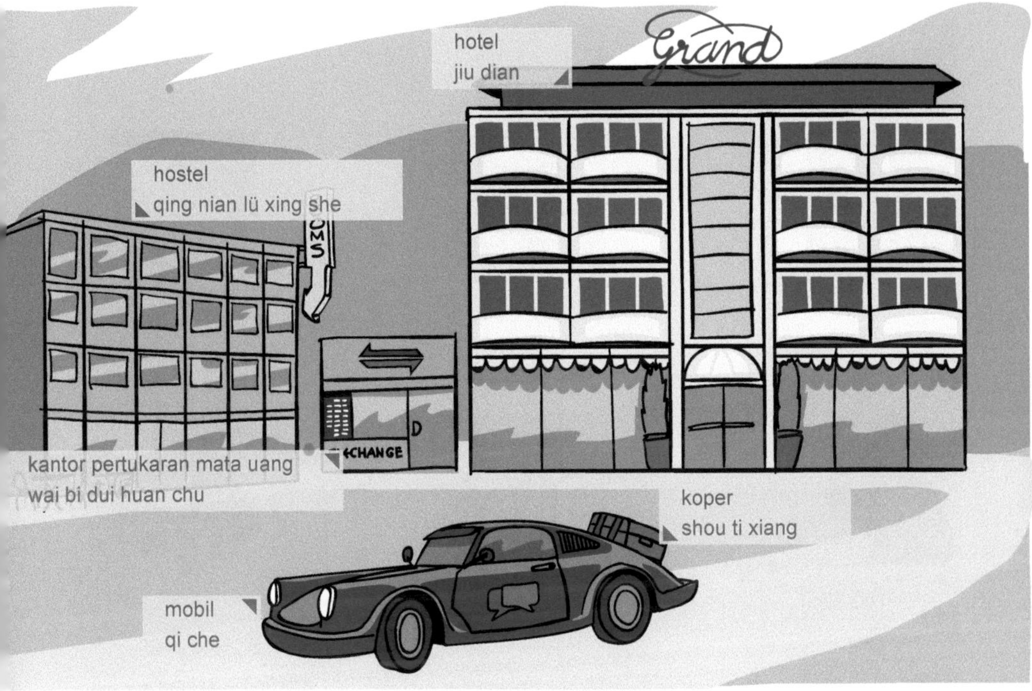

bahasa
yu yan

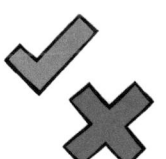

ya / tidak
shi/fou

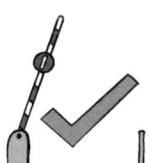

okay
hao de

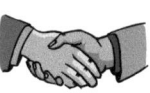

hallo
nin hao

penerjemah
fan yi yuan

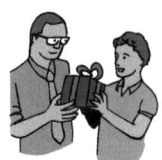

terima kasih
xie xie

Berapa harganya...?

......duo shao qian?

saya tidak mengerti

wo bu ming bai

masalah

wen ti

Selamat malam!

wan shang hao!

Selamat siang!

zao shang hao!

Selamat tidur!

wan an!

sampai jumpa

zai jian

arah

fang xiang

bagasi

xing li

tas

bao

ransel

shuang jian bao

tamu

ke ren

ruang

fang jian

kantong tidur

shui dai

tenda

zhang peng

informasi wisata

lü you xin xi

pantai

hai tan

kartu kredit

xin yong ka

sarapan

zao can

makan siang

wu can

makan malam

wan can

tiket

piao

elevator

dian ti

perangko

you piao

perbatasan

bian jie

cukai

hai guan

kedutaan

da shi guan

visa

qian zheng

paspor

hu zhao

# transportasi

## jiao tong yun shu

kapal terbang
fei ji

perahu
chuan

mobil pemadam kebakaran
xiao fang che

bis
gong jiao che

truk
ka che

perahu motor
qi ting

sepeda
zi xing che

mobil
qi che

feri

bai du chuan

perahu

xiao chuan

sepeda motor

mo tuo che

mobil polisi

jing che

mobil balapan

sai che

mobil sewa

zu che

berbagi mobil

pin che

truk derek

tuo che

truk sampah

la ji che

motor

fa dong ji

bahan bakar

qi you

bensin

jia you zhan

tanda lalulintas

jiao tong biao zhi

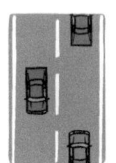

lalulintas

jiao tong

macet

jiao tong du sai

parkir mobil

ting che chang

stasiun kereta

huo che zhan

trek

gui dao

kereta api

huo che

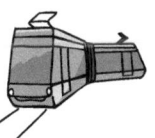

tram

dian che

gerobak

huo che

helikopter
zhi sheng ji

bendara
ji chang

menara
ta

penumpang
cheng ke

container
ji zhuang xiang

karton
zhi ban xiang

troli
shou tui che

keranjang
lan zi

berangkat / mendarat
qi fei/jiang luo

## kota
## cheng shi

desa
cun zhuang

pusat kota
shi zhong xin

rumah
fang zi

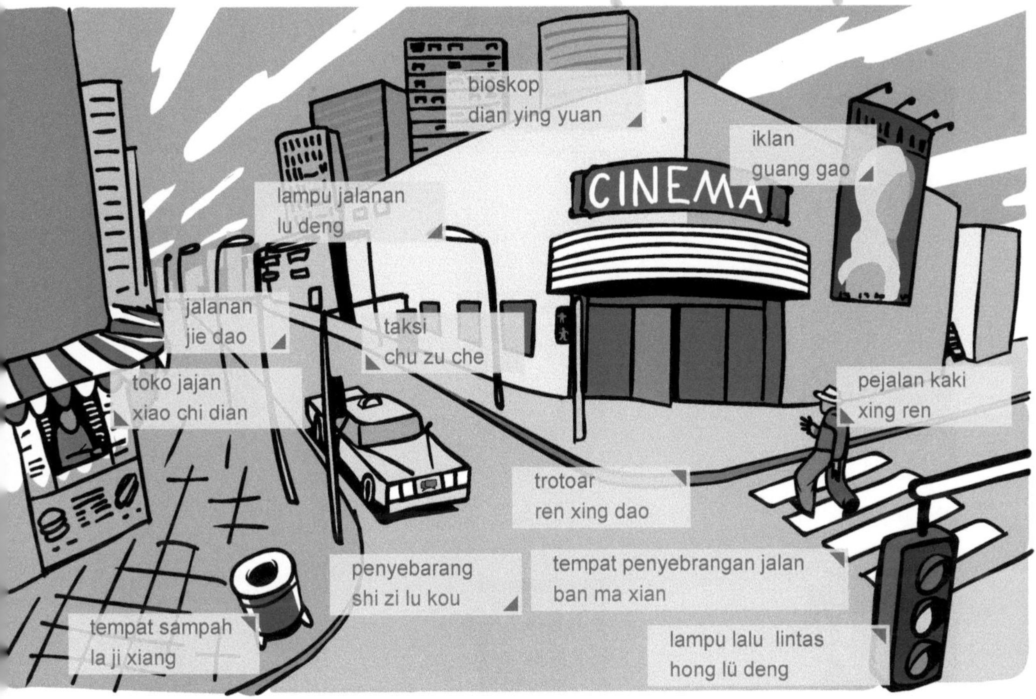

bioskop
dian ying yuan

iklan
guang gao

lampu jalanan
lu deng

CINEMA

jalanan
jie dao

taksi
chu zu che

toko jajan
xiao chi dian

pejalan kaki
xing ren

trotoar
ren xing dao

penyebarang
shi zi lu kou

tempat penyebrangan jalan
ban ma xian

tempat sampah
la ji xiang

lampu lalu lintas
hong lü deng

gubuk
xiao wu

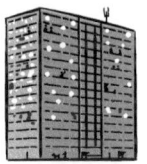

rumah flat
gong yu

stasiun kereta
huo che zhan

balai kota
shi zheng ting

museum
bo wu guan

sekolah
xue xiao

universitas

da xue

bank

yin hang

rumah sakit

yi yuan

hotel

jiu dian

farmasi

yao fang

kantor

ban gong shi

toko buku

shu dian

toko

shang dian

toko bunga

hua dian

supermarket

chao shi

pasar

shi chang

toko serba ada

bai huo shang dian

nelayan

yu dian

pusat belanja

gou wu zhong xin

pelabuhan

hai gang

taman
gong yuan

banku
chang deng

jembatan
qiao

tangga
lou ti

kereta bawah tanah
di tie

terowongan
sui dao

pemberhantian bis
gong jiao che zhan

bar
jiu ba

restauran
can guan

kotak surat
you tong

tanda jalan
lu biao

meteran parkir
ting che ji shi qi

kebun binatang
dong wu yuan

kolam renang
you yong guan

mesjid
qing zhen si

pertanian

nong chang

polusi

wu ran

kuburan

mu di

gereja

jiao tang

tempat bermain

cao chang

pura

si miao

## pemandangan
## di xing

daun
shu ye

penunjuk arah
zhi shi pai

jalanan
lu

padang rumput
cao di

batu
shi tou

pejalak kaki
tu bu lü xing zhe

pohon
shu

sungai
he

rumput
cao

bunga
hua

lembah

xia gu

bukit

shan

danau

hu

hutan

sen lin

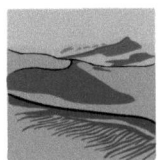

padang gurun

sha mo

gunung berapi

huo shan

istana

cheng bao

pelangi

cai hong

jamur

mo gu

pohon palem

zong lü shu

nyamuk

wen zi

lalat

cang ying

semut

ma yi

lebah

mi feng

laba-laba

zhi zhu

kumbang

jia chong

kodok

qing wa

tupai

song shu

landak

ci wei

kelinci

ye tu

burung hantu

mao tou ying

burung

niao

angsa

tian e

babi jantan

ye zhu

rusa

lu

rusa

mi lu

bendungan

shui ba

turbin angin

feng li fa dian ji

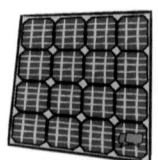

panel surya

tai yang neng dian chi ban

iklim

qi hou

# restauran
# can guan

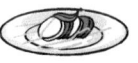

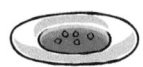

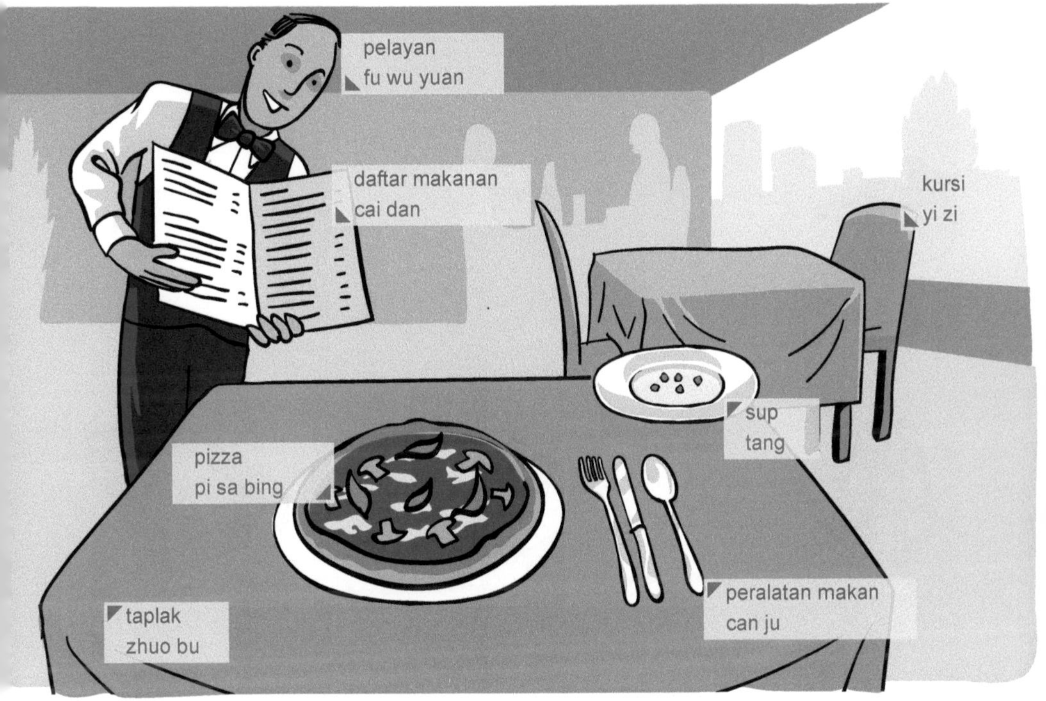
pelayan
fu wu yuan
daftar makanan
cai dan
kursi
yi zi
sup
tang
pizza
pi sa bing
peralatan makan
can ju
taplak
zhuo bu

hindangan pembuka

qian cai

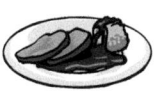

hidangan utama

zhu cai

hidangan penutup

tian dian

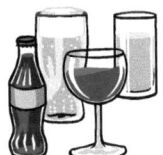

minuman

yin liao

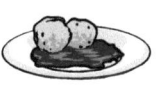

makanan

shi wu

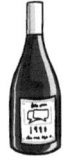

botol

ping zi

fastfood

kuai can

masakan jalanan

jie bian xiao chi

teko teh

cha hu

kaleng gula

tang he

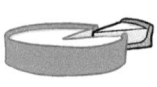

porsi

yi fen fan cai

mesin espresso

yi shi ka fei ji

kursi tinggi

gao jiao yi

tagihan

zhang dan

baki

tuo pan

pisau

dao

garpu

can cha

sendok

shao zi

sendok teh

cha chi

serbet

can jin

gelas

bo li bei

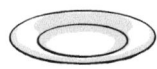

piring
die zi

piring sup
tang pan

lepek
die zi

saus
jiang

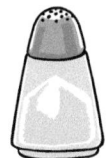

tempat garam
yan ping

gilingan merica
hu jiao mo

cuka
cu

minyak
shi yong you

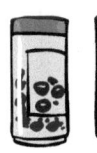

bumbu
tiao wei liao

saus tomat
fan qie jiang

mustar
jie mo

mayones
dan huang jiang

# supermarket
## chao shi

penawaran khusus
te jia
FOR
klien
gu ke
produk susu
ru zhi pin
buah
shui guo
troli
gou wu che


BUTCHERS


pembantai

rou pu

BAKERY


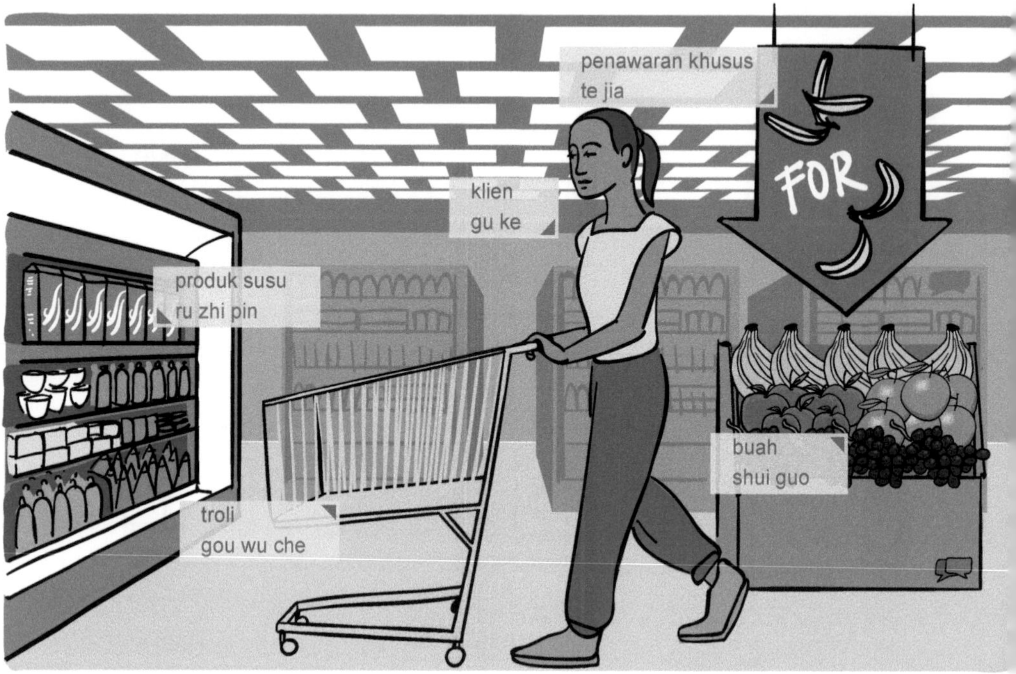

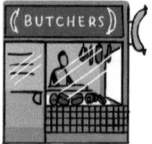

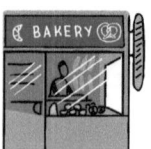

toko roti

mian bao fang

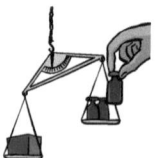

menimbang

cheng zhong

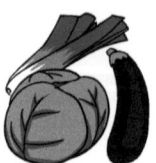

sayur

shu cai

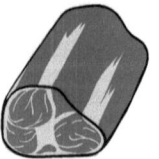

daging

rou

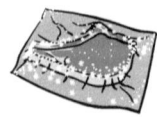

makanan beku

leng dong shi pin

pemotongan dingin

leng pan

makanan kaleng

guan tou shi pin

sabun serbuk

xi yi fen

permen

tian shi

alat-alat rumah tangga

ri yong pin

obat pembersihan

qing jie yong pin

penjual

xiao shou yuan

kasa

shou yin ji

kasir

shou yin yuan

daftar belanja

gou wu qing dan

jam buka

kai fang shi jian

dompet

qian bao

kartu kredit

xin yong ka

tas

dai zi

kantong plastik

su liao dai

air
........
shui

jus
........
guo zhi

susu
........
niu nai

cola
........
ke le

anggur
........
hong jiu

bir
........
pi jiu

alkohol
........
jiu

coklat
........
ke ke

teh
........
cha

kopi
........
ka fei

espresso
........
yi shi nong suo ka fei

cappucino
........
ka bu qi nuo

pisang

xiang jiao

apel

ping guo

jeruk

cheng zi

semangka

xi gua

jeruk lemon

ning meng

wortel

hu luo bo

bawang putih

da suan

bambu

zhu zi

bawang bombai

yang cong

jamur

mo gu

kacang

jian guo

mi

mian tiao

spagetti

yi da li mian tiao

nasi

mi fan

salat

sha la

kentang goreng

shu tiao

kentang goreng

zha tu dou

pizza

pi sa bing

hamburger

han bao bao

sandwich

san ming zhi

sayatan

zha zhu pai

ham

huo tui

salami

sa la mi

sosis

xiang chang

ayam

ji rou

menggoreng

kao rou

ikan

yu

bubur gandum

yan mai pian

sereal

mu zi li

cornflakes

yu mi pian

tepung

mian fen

croissant

yang jiao mian bao

roti

mian bao juan

roti

mian bao

toast

kao mian bao

biskuit

bing gan

mentega

huang you

dadih

ning ru

kue

dan gao

telur

dan

telur goreng

jian dan

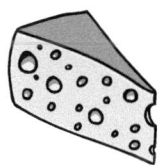

keju

nai lao

eskrim

bing ji lin

gula

tang

madu

feng mi

selai

guo jiang

krim nugat

qiao ke li jiang

kare

ga li fan

# pertanian
# nong chang

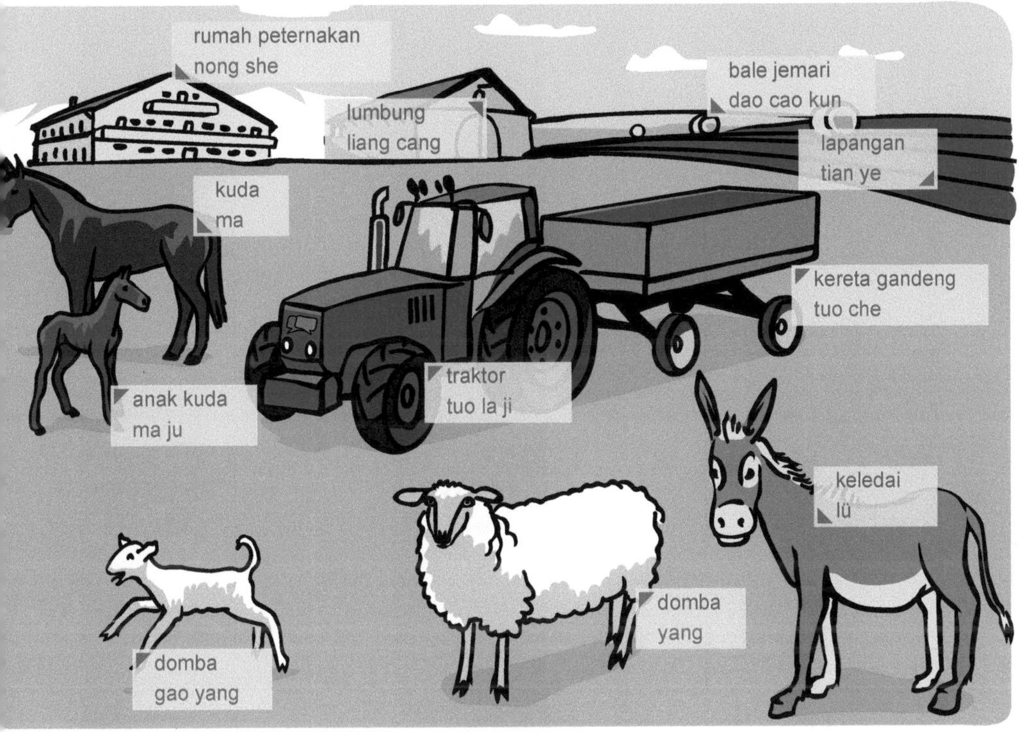
rumah peternakan
nong she
lumbung
liang cang
bale jemari
dao cao kun
lapangan
tian ye
kuda
ma
kereta gandeng
tuo che
traktor
tuo la ji
anak kuda
ma ju
keledai
lü
domba
yang
domba
gao yang

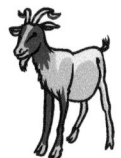

kambing

shan yang

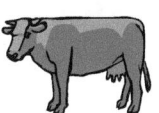

sapi

nai niu

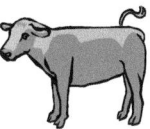

betis

niu du

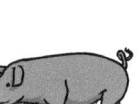

babi

zhu

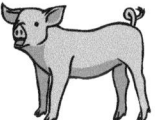

celeng

xiao zhu

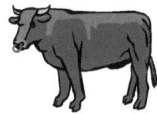

banteng

gong niu

angsa

e

bebek

ya

anak ayam

xiao ji

ayam

mu ji

ayam jantan

gong ji

tikus

shu

kucing

mao

tikus

lao shu

lembu

niu

anjing

gou

rumah anjing

gou wu

selang

hua yuan jiao shui ruan guan

penyiram

sa shui hu

sabit

chang bing da lian dao

bajak

li

pertanian - nong chang

sabit

lian dao

cangkul

chu tou

garpu rumput

chang bing cao pa

kapak

fu tou

gerobak

du lun shou tui che

palung

si liao cao

kaleng susu

niu nai guan

karung

ma bu dai

pagar

zha lan

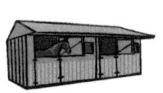

kandang

ma jiu

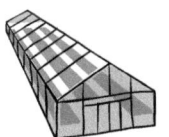

rumah kaca

wen shi

tanah

tu rang

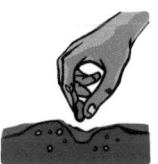

benih

zhong zi

pupuk

fei liao

mesin pemanen

lian he shou ge ji

panen

shou ge

panen

shou ge

yams

shan yao

gandum

xiao mai

kedelai

da dou

kentang

tu dou

jagung

yu mi

lobak

you cai zi

pohon buah

guo shu

singkong

shu shu

sereal

gu wu

# rumah

## fang zi

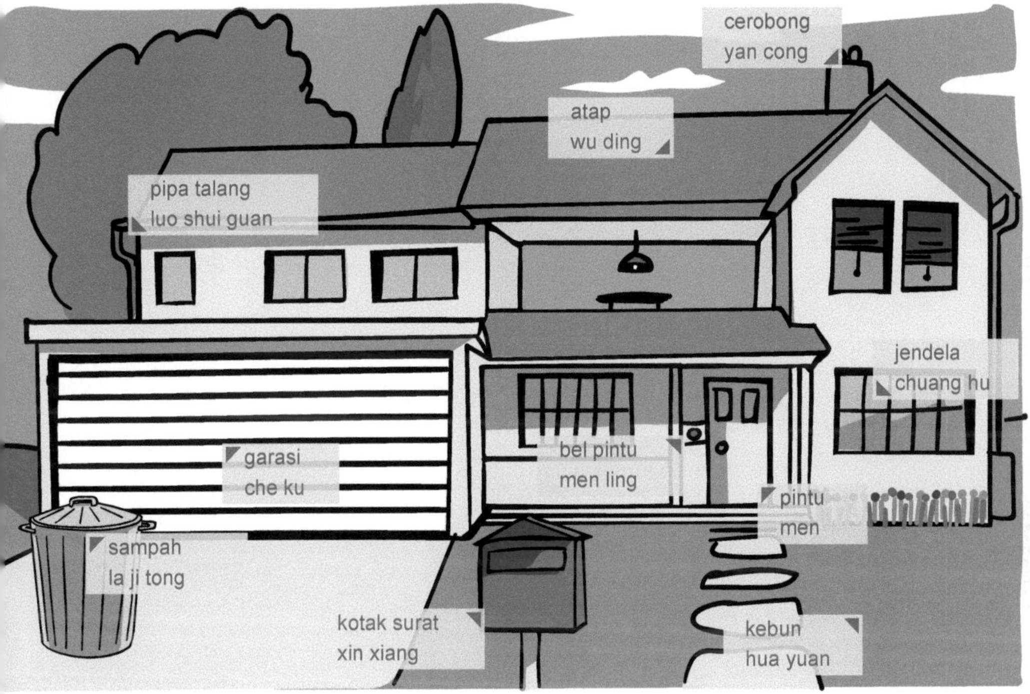

cerobong
yan cong
atap
wu ding
pipa talang
luo shui guan
jendela
chuang hu
garasi
che ku
bel pintu
men ling
pintu
men
sampah
la ji tong
kotak surat
xin xiang
kebun
hua yuan


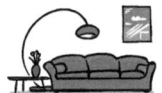

ruang tamu

ke ting

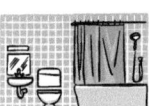

kamar mandi

yu shi

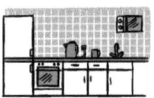

dapur

chu fang

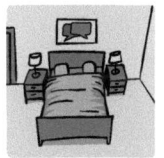

kamar tidur

wo shi

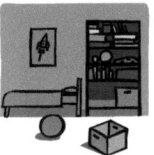

kamar anak

er tong fang

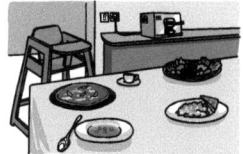

kamar makan

can ting

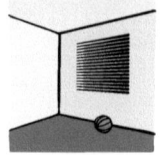

lantai

di ban

tembok

qiang bi

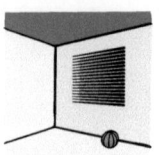

atap

diao ding

gudang di bawah tanah

di jiao

sauna

sang na

balkon

yang tai

teras

lu tai

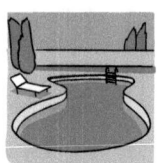

kolam renang

you yong chi

mesin pemotong rumput

ge cao ji

sprei

bei dan

selimut

chuang zhao

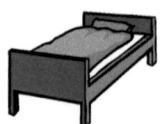

tempat tidur

chuang

sapu

sao zhou

ember

shui tong

tombol

kai guan

# ruang tamu
## ke ting

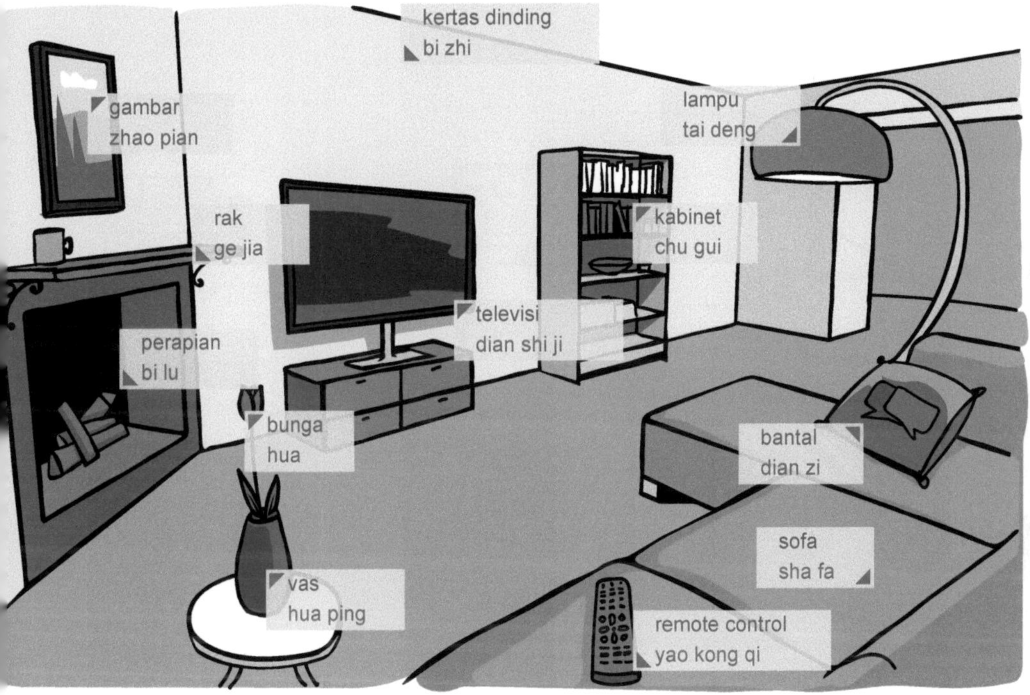
kertas dinding
bi zhi
gambar
zhao pian
lampu
tai deng
rak
ge jia
kabinet
chu gui
televisi
dian shi ji
perapian
bi lu
bunga
hua
bantal
dian zi
sofa
sha fa
vas
hua ping
remote control
yao kong qi

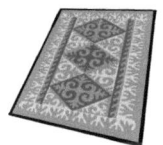

karpet

di tan

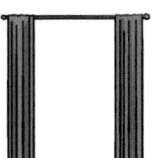

korden

chuang lian

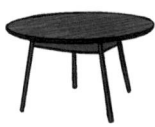

meja

can zhuo

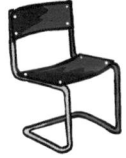

kursi

yi zi

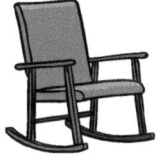

kursi goyang

yao yi

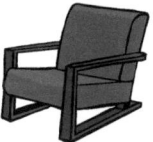

kursi malas

fu shou yi

buku

shu

selimut

tan zi

dekorasi

zhuang shi pin

kayu bakar

mu chai

filem

dian ying

hi-fi

gao bao zhen yin xiang

kunci

yao shi

koran

bao zhi

lukisan

you hua

poster

hai bao

radio

shou yin ji

buku tulis

bi ji ben

penyedot debu

xi chen qi

kaktus

xian ren zhang

lilin

la zhu

# dapur
# chu fang

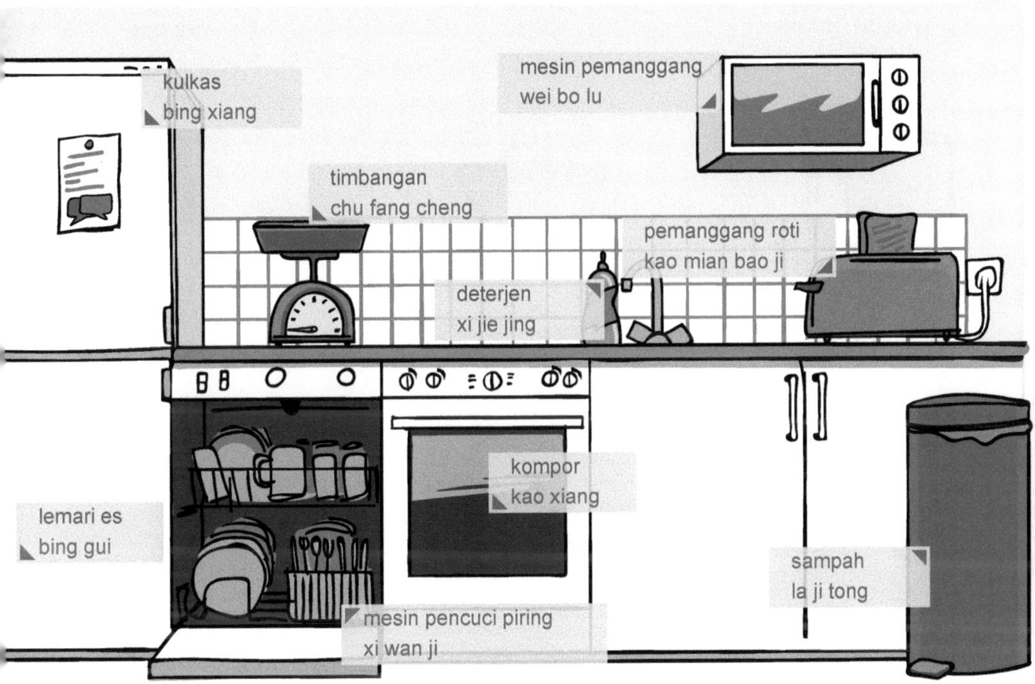

kulkas
bing xiang
mesin pemanggang
wei bo lu
timbangan
chu fang cheng
pemanggang roti
kao mian bao ji
deterjen
xi jie jing
kompor
kao xiang
lemari es
bing gui
sampah
la ji tong
mesin pencuci piring
xi wan ji


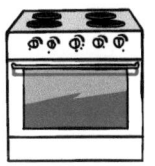

kompor

chui ju

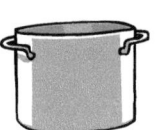

panci

guo

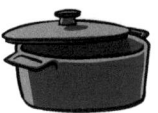

panci besi

zhu tie guo

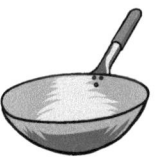

wajan

sha guo

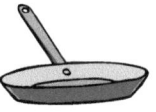

panci

ping di guo

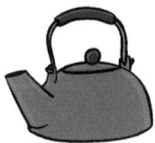

pemanas air

shui hu

panci pengukus makanan

zheng guo

nampan

kao pan

piring

tao ci guo

cangkir

ma ke bei

mangkok

wan

sumpit

kuai zi

sendok sup

chang bing shao

sudip

chan zi

mengocok

jiao ban qi

saringan

lü wang

saringan

shai zi

parutan

mo sui ji

mortir

yan bo

barbeque

shao kao

api terbuka

ming huo

papan memotong

cai ban

gilingan

gan mian zhang

alat pembuka botol

kai ping qi

kaleng

guan zi

pembuka kaleng

kai ping qi

pegangan panci

ge re shou tao

wastafel

shui cao

sikat

shua zi

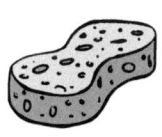

busa

hai mian

mesin pencampur

jiao ban ji

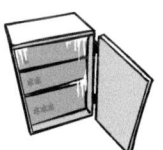

lemari es

leng cang xiang

botol bayi

nai ping

keran

shui long tou

# kamar mandi

## yu shi

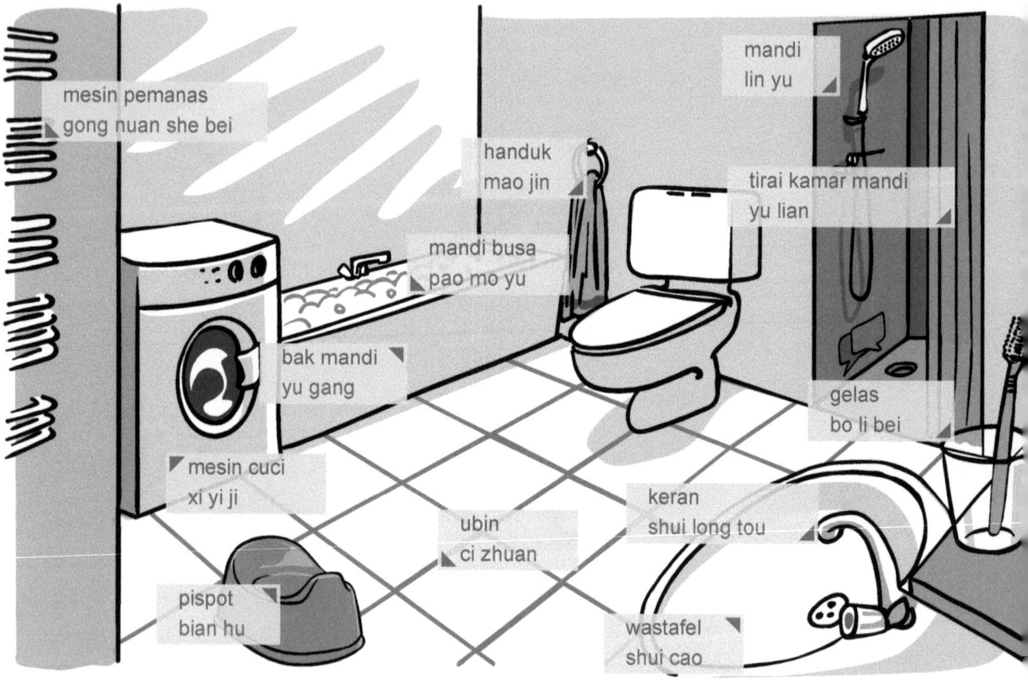
mesin pemanas
gong nuan she bei
mandi
lin yu
handuk
mao jin
tirai kamar mandi
yu lian
mandi busa
pao mo yu
bak mandi
yu gang
gelas
bo li bei
mesin cuci
xi yi ji
keran
shui long tou
ubin
ci zhuan
pispot
bian hu
wastafel
shui cao

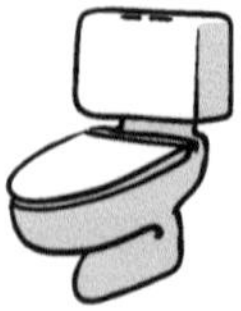

toilet
ce suo

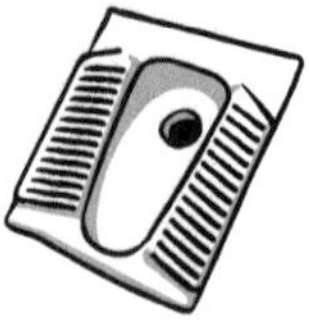

toilet jongkok
dun bian qi

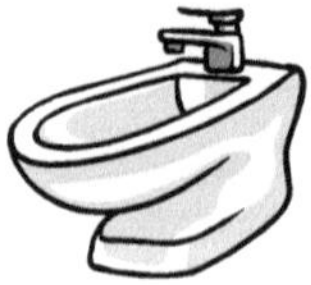

bidet
zuo yu qi

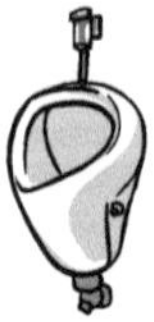

pissoir
xiao bian chi

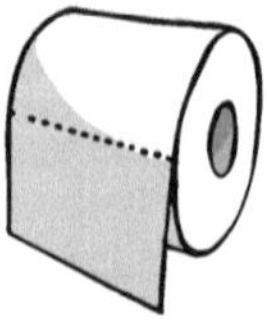

kertas toilet
ce zhi

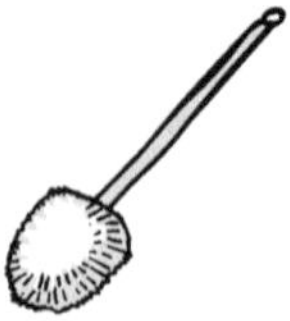

sikat toilet
ma tong shua

sikat gigi

ya shua

pasta gigi

ya gao

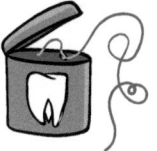

benang gigi

ya xian

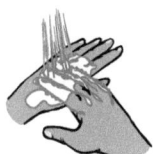

menyuci

xi

pancuran tangan

shou chi shi pen lin tou

pancuran

chong xi qi

bak

xi lian pen

sikat punggung

ca bei shua

sabun

fei zao

gel mandi

mu yu lu

sampo

xi fa shui

planel

fa lan rong

kuras

pai shui

krim

ru shuang

deodoran

chu chou ji

kaca

jing zi

cermin tangan

shou jing

pisau cukur

ti xu dao

busa cukur

ti xu pao mo

aftershave

xu hou shui

sisir

shu zi

sikat

shua zi

alat pengering rambut

chui feng ji

semprot rambut

pen fa ding xing ji

makeup

hua zhuang pin

lipstik

chun gao

cat kuku

zhi jia you

kapas

hua zhuang mian

gunting kuku

zhi jia jian

minyak wangi

xiang shui

kantong pencuci

xi shu bao

bangku

deng zi

timbangan

ji zhong cheng

mantel mandi

yu pao

sarung tangan karet

xiang jiao shou tao

tampon

wei sheng mian tiao

handuk pembalut

wei sheng jin

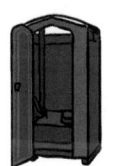

toilet kimia

hua xue ce suo

# kamar anak

# er tong fang

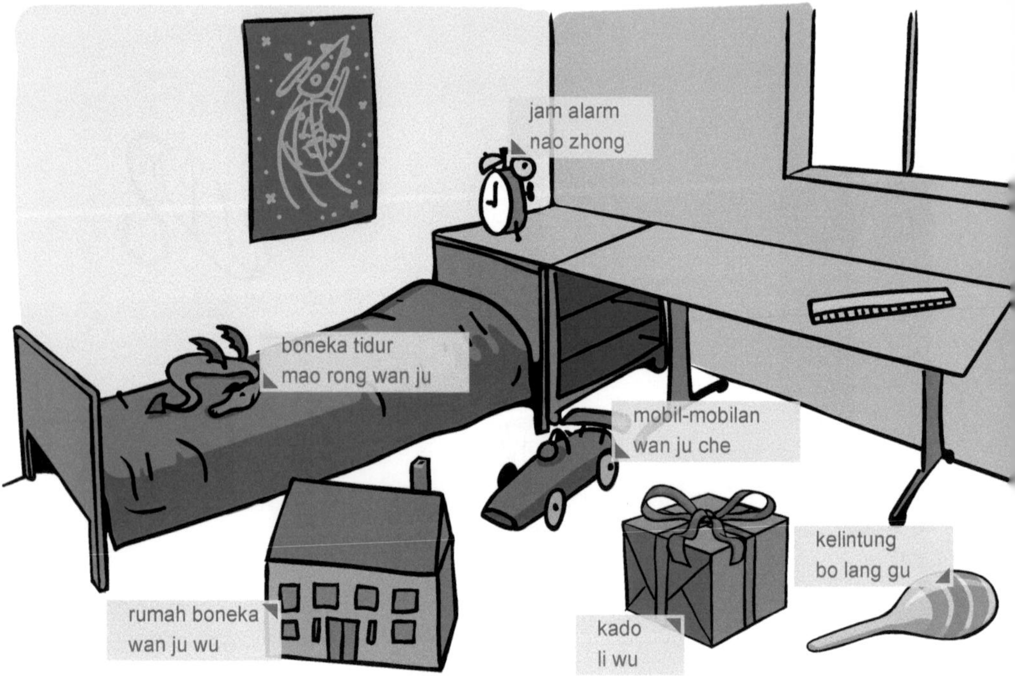
jam alarm
nao zhong
boneka tidur
mao rong wan ju
mobil-mobilan
wan ju che
kelintung
bo lang gu
rumah boneka
wan ju wu
kado
li wu

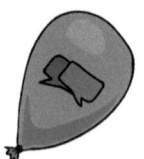

balon

qi qiu

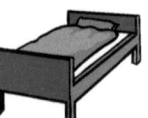

tempat tidur

chuang

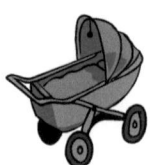

kereta bayi

(yang wa wa yong)ying er che

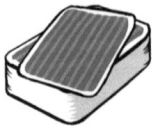

mainan kartu

pu ke pai

teka-teki

pin tu

SUPER MEGA

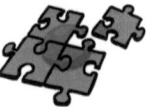

komik

man hua

mainan lego

le gao ji mu

blok mainan

ji mu wan ju

figur aksi

wan ju ren

baju monyet

ying er fu

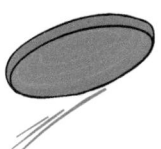

frisbee

fei pan

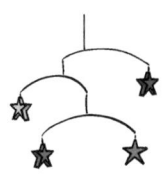

mobile

chuang ling wan ju

permainan papan

qi pan you xi

dadu

shai zi

set model kreta api

huo che mo xing

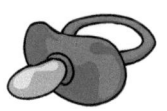

dot

an fu nai zui

pesta

ju hui

buku gambar

hui ben

bola

qiu

boneka

yang wa wa

bermain

wan

tempat main pasir

sha keng

ayunan

qiu qian

mainan

wan ju

video game konsol

you xi ji

sepeda roda tiga

san lun che

teddy

tai di xiong

lemari pakaian

yi chu

## pakaian

## yi fu

kaos kaki

wa zi

kaos kaki

chang wa

baju ketat

jin shen ku

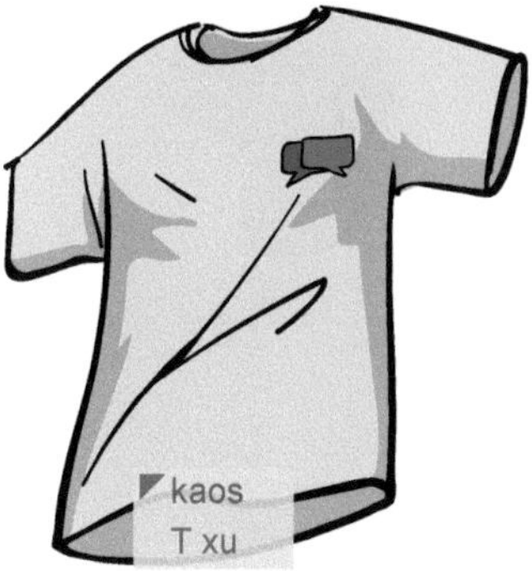

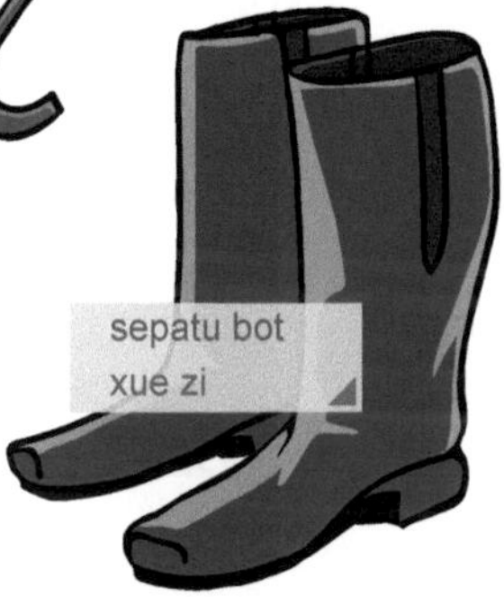

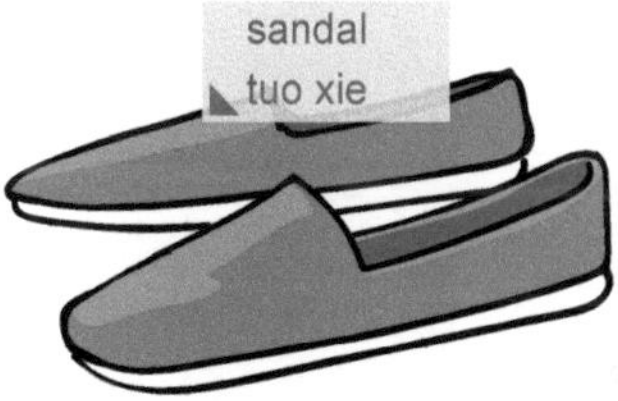

syal
wei jin

sabuk
pi dai

payung
yu san

kaos
T xu

sepatu bot
xue zi

sandal
tuo xie

sepatu
yun dong xie

sandal

liang xie

sepatu

xie

sepatu bot karet

yu xue

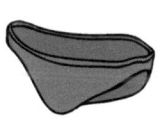

celana dalam

nei ku

BH

xiong zhao

baju rompi

bei xin

body
shen ti

celana
ku zi

jeans
niu zai ku

rok
duan qun

blus
nü shi chen shan

kemeja
chen shan

aket berkerudung
tao tou shan

sweater
wei yi

jaket
xi zhuang jia ke

jaket
jia ke

mantel
wai tao

jas hujan
yu yi

kostum
tao zhuang

gaun
lian yi qun

gaun pengantin
hun sha

setelan resmi

xi zhuang

gaun tidur

shui pao

piyama

shui yi

sari

sha li

jilbab

tou jin

turban

bao tou jin

burka

bo ka

kaftan

ka fu tan

abaya

(a la bo shi)chang pao

pakaian renang

yong yi

celana renang

nan shi yong ku

celana pendek

duan ku

olah raga

yun dong fu

celemek

wei qun

sarung tangan

shou tao

kancing

niu kou

kacamata

yan jing

gelang

shou lian

kalung

xiang lian

cincin

jie zhi

anting

er huan

topi

bian mao

gantungan mantel

yi jia

topi

mao zi

dasi

ling dai

ritsleting

la lian

helm

tou kui

tali selempang

bei dai

seragam sekolah

xiao fu

seragam

zhi fu

pakaian - yi fu

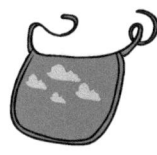

oto

wei dou

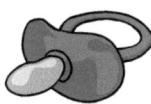

dot

an fu nai zui

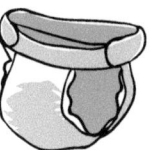

popok

niao bu shi

# kantor

## ban gong shi

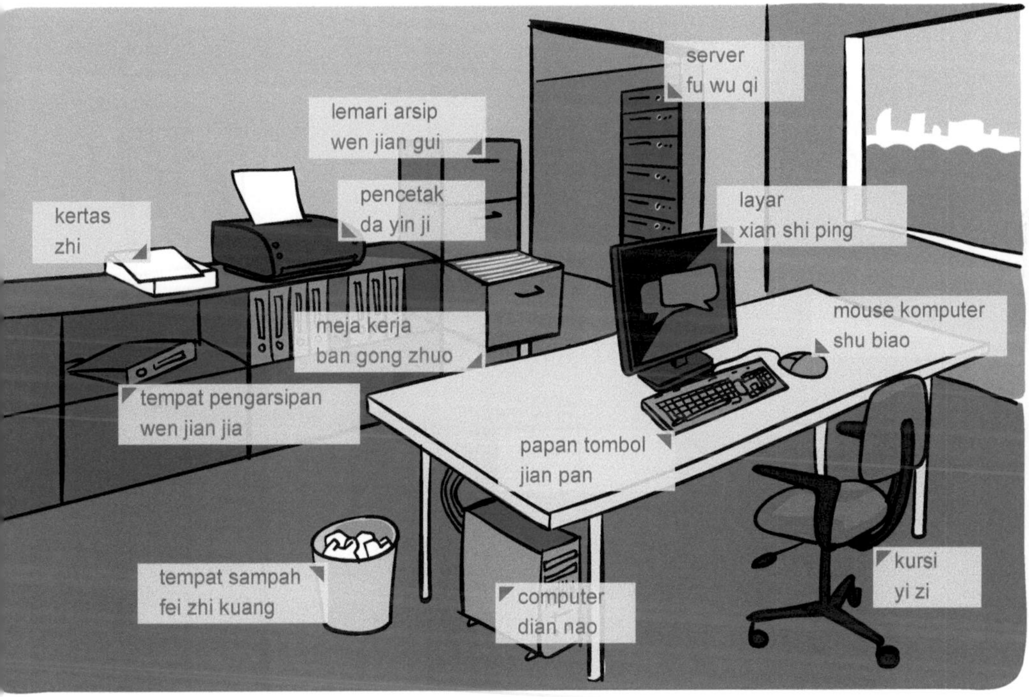

server
fu wu qi
lemari arsip
wen jian gui
pencetak
da yin ji
kertas
zhi
layar
xian shi ping
mouse komputer
shu biao
meja kerja
ban gong zhuo
tempat pengarsipan
wen jian jia
papan tombol
jian pan
tempat sampah
fei zhi kuang
computer
dian nao
kursi
yi zi


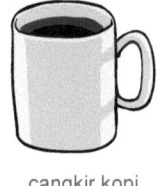

cangkir kopi

ka fei bei

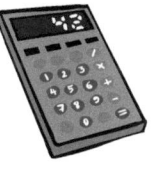

kalkulator

ji suan qi

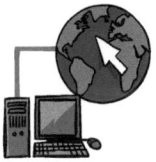

internet

yin te wang

laptop

bi ji ben dian nao

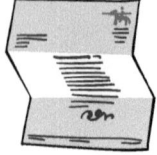

surat

xin jian

pesan

xiao xi

telepon seluler

shou ji

jaringan

wang luo

fotokopi

fu yin ji

software

ruan jian

telepon

dian hua

plug soket

cha zuo

mesin fax

chuan zhen ji

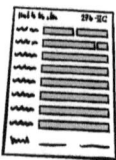

formulir

biao ge

dokumen

wen jian

membeli

mai

membayar

fu qian

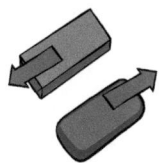

berdagang

jiao yi

uang

xian jin

Dollar

mei yuan

Euro

ou yuan

Yen

ri yuan

Rubel

lu bu

Franc Swiss

rui shi fa lang

Renminbi Yuan

ren min bi

Rupiah

lu bi

ATM

ti kuan chu

kantor pertukaran mata uang

wai bi dui huan chu

emas

jin

perak

yin

minyak

shi you

energi

neng yuan

harga

jia ge

kontrak

he tong

pajak

shui jin

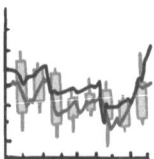

saham

gu piao

bekerja

gong zuo

karyawan

zhi yuan

majikan

lao ban

pabrik

gong chang

toko

shang dian

# pekerjaan
## zhi ye

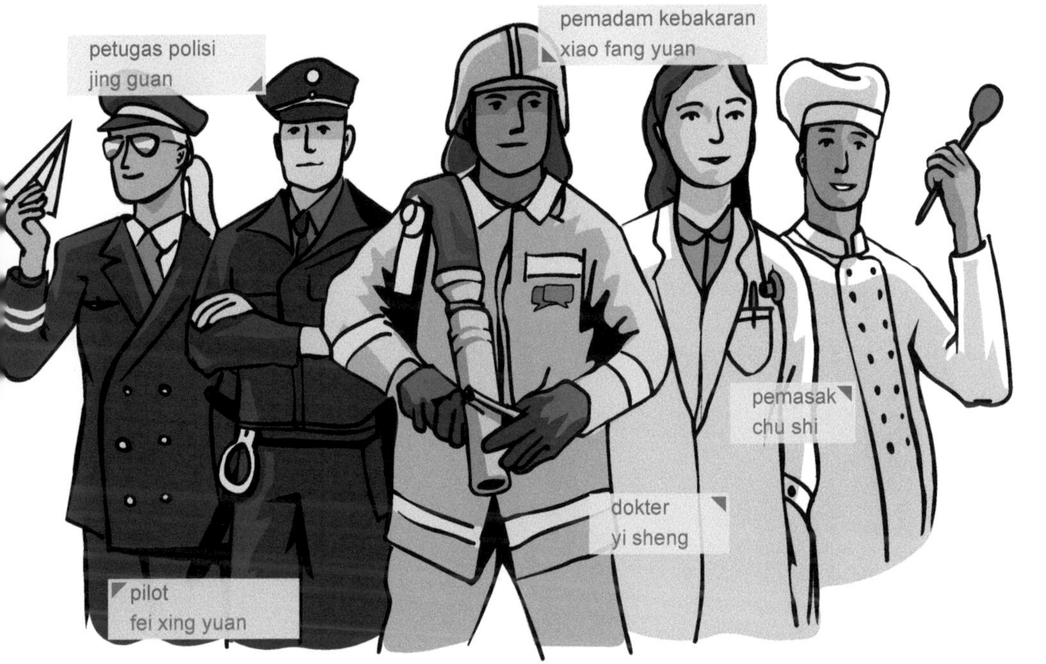
petugas polisi
jing guan
pemadam kebakaran
xiao fang yuan
pemasak
chu shi
dokter
yi sheng
pilot
fei xing yuan

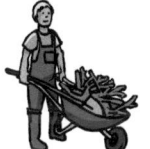

tukan kebun

yuan ding

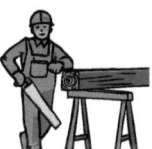

tukang kayu

mu jiang

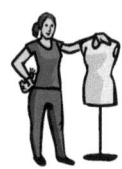

penjahit wanita

cai feng

hakim

fa guan

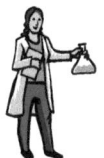

ahli kimia

hua xue jia

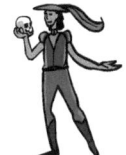

aktor

yan yuan

sopir bis

gong jiao che si ji

sopir taksi

chu zu che si ji

nelayan

yu fu

pembantu

qing jie nü gong

tukang atap

wu ding gong

pelayan

fu wu yuan

pemburu

lie ren

pelukis

hua jia

tukang roti

mian bao shi

tukang listrik

dian gong

pembangun

jian zhu gong ren

insinyur

gong cheng shi

tukang daging

tu fu

tukang ledeng

shui guan gong

tukang pos

you di yuan

tentara

shi bing

arsitek

jian zhu shi

kasir

shou yin yuan

penjual bunga

hua nong

penata rambut

li fa shi

konduktor

shou piao yuan

montir

ji xie shi

kapten

chuan zhang

dokter gigi

ya yi

ilmuwan

ke xue jia

rabbi

la bi

imam

yi ma mu

biarawan

he shang

pendeta

mu shi

# alat
# gong ju

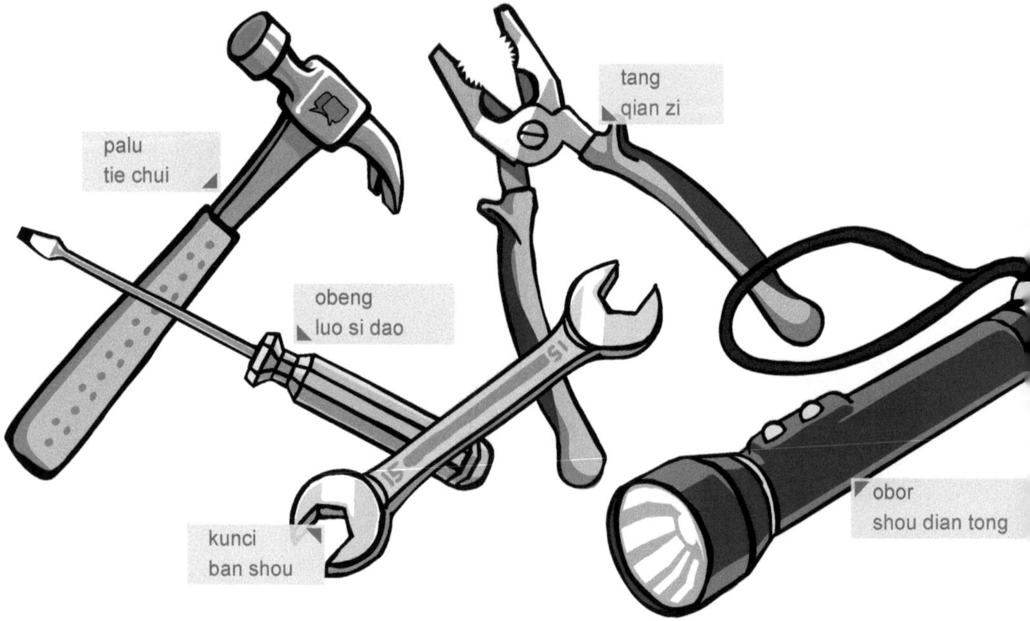

palu
tie chui
tang
qian zi
obeng
luo si dao
kunci
ban shou
obor
shou dian tong


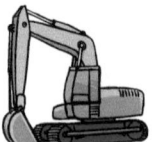

penggali

wa jue ji

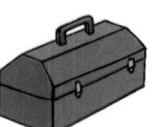

tas perkakas

gong ju xiang

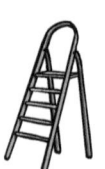

tangga

ti zi

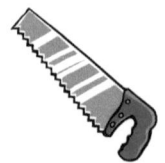

gergaji

ju zi

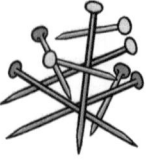

paku

ding zi

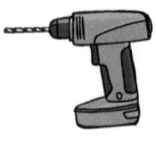

bor

zuan ji

perbaikan
................
xiu

sekop
................
chan zi

Sialan!
................
kao!

cikrak
................
bo ji

pot cat
................
you qi tong

sekrup
................
luo si

## alat musik
## yue qi

pengeras suara
yang sheng qi

alat drum
da ji yue qi

gitar
ji ta

bas
di yin ti qin

trompet
xiao hao

piano

gang qin

violin

xiao ti qin

bass

bei si

tambur

ding yin gu

drum

gu

keyboard

dian zi qin

saksofon

sa ke si guan

suling

chang di

mikrofon

mai ke feng

# kebun binatang
## dong wu yuan

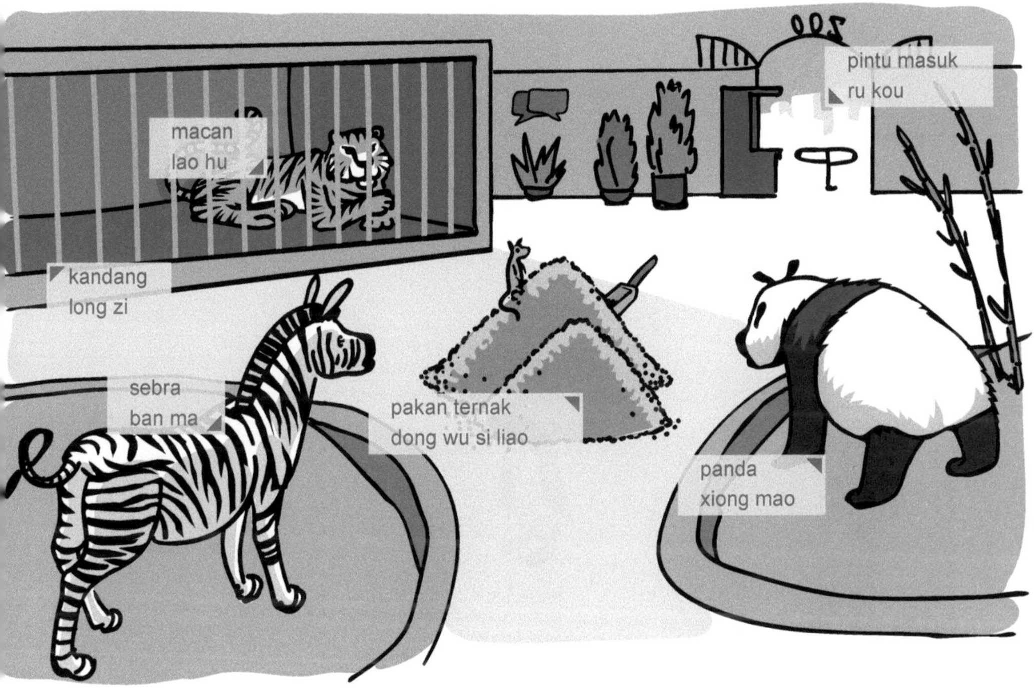

pintu masuk
ru kou
macan
lao hu
kandang
long zi
sebra
ban ma
pakan ternak
dong wu si liao
panda
xiong mao


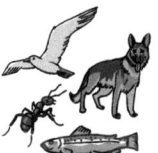

hewan
dong wu

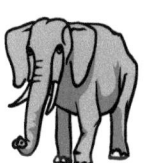

gajah
da xiang

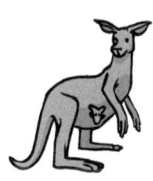

kanguru
dai shu

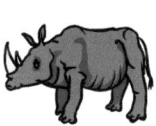

badak
xi niu

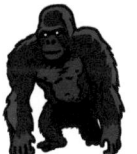

gorila
da xing xing

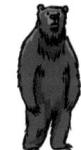

beruang
xiong

unta

luo tuo

burung unta

tuo niao

singa

shi zi

monyet

hou zi

flamingo

huo lie niao

burung beo

ying wu

beruang polar

bei ji xiong

penguin

qi e

hiu

sha yu

merak

kong que

ular

she

buaya

e yu

penjaga kebun binatang

dong wu yuan guan li yuan

segel

hai bao

jaguar

mei zhou bao

kuda poni

ai zhong ma

macan tutul

bao

kuda nil

he ma

jerapah

chang jing lu

burung elang

lao ying

babi jantan

ye zhu

ikan

yu

kura-kura

gui

anjing laut

hai xiang

rubah

hu li

kijang

ling yang

american football
gan lan qiu

naik sepeda
qi zi xing che

tennis
wang qiu

basketbal
lan qiu

bernang
you yong

hoki es
bing qiu

tinju
quan ji

sepak bola
ying shi zu qiu

badminton
yu mao qiu

atletik
tian jing

bola tangan
shou qiu

main ski
hua xue

polo
ma qiu

# aktivitas
# huo dong

meloncat
tiao
memeluk
yong bao
ketawa
xiao
berjalan
zou lu
menyanyi
chang
mengimpi
zuo meng
berdoa
qi dao
mencium
qin wen

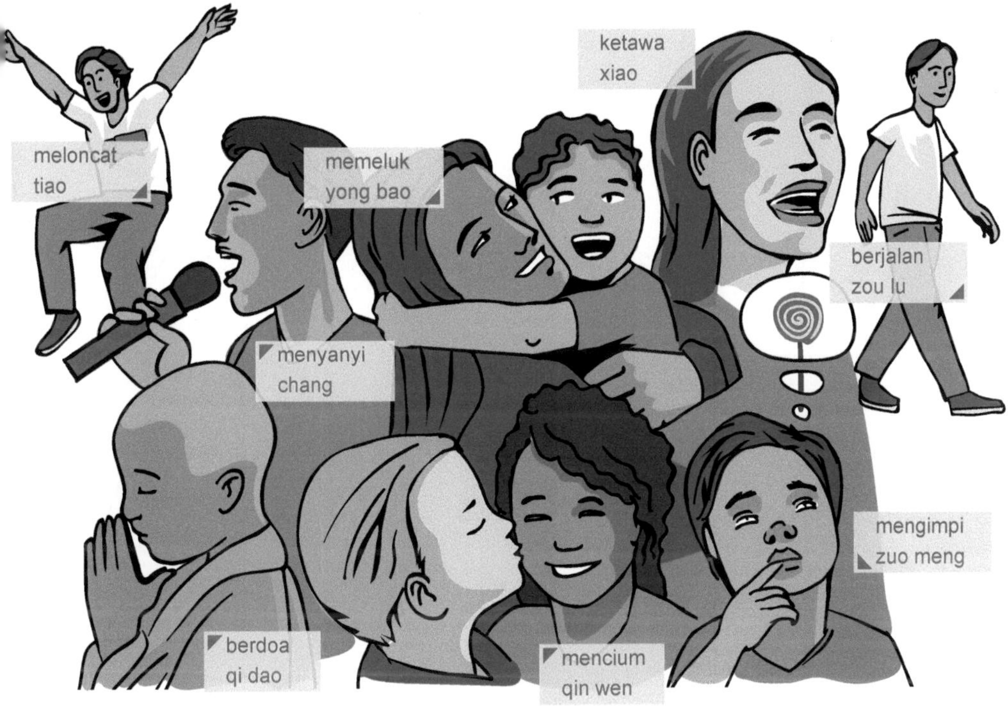

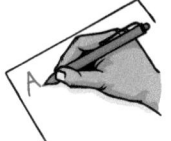

menulis

shu xie

melukis

hua

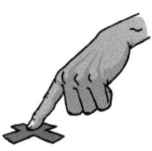

menunjuk

zhan shi

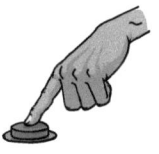

mendorong

tui

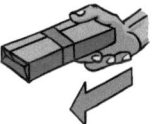

memberikan

gei

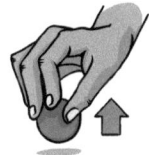

mengambil

na

mempunyai
..................
you

melakukan
..................
zuo

adalah
..................
dang

berdiri
..................
zhan

berlari
..................
pao

menarik
..................
la

melempar
..................
reng

jatuh
..................
shuai dao

tidur
..................
tang

menunggu
..................
deng dai

membawa
..................
xie dai

duduk
..................
zuo

berpakaian
..................
chuan yi

tidur
..................
shui jiao

bangun
..................
xing lai

melihat

kan

menangis

ku

mengelus

fu mo

menyisir

shu tou

berbicara

jiao tan

mengerti

ming bai

menanyak

wen

mendengar

ting

minum

he

makan

chi

merapikan

qing li

cinta

ai

memasak

zuo fan

menyetir

kai che

terbang

fei

berlayar

hang xing

menghitung

ji suan

membaca

du

belajar

xue xi

bekerja

gong zuo

menikah

jie hun

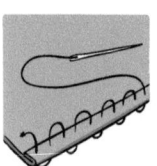

menjahit

feng

sikat gigi

shua ya

membunuh

sha

merokok

chou yan

kirim

ji

nenek
zu mu

kakek
zu fu

bapak
fu qin

ibu
mu qin

bayi
ying tong

putri
nü er

putra
er zi

tamu

ke ren

bibi

a yi

paman

shu shu

kakak laki

xiong di

kakak perempuan

jie mei

# badan

# shen ti

dahi
qian e
mata
yan jing
muka
lian
dagu
xia ba
payudara
ru fang
jari
shou zhi
tangan
shou
lengan
shou bi
bahu
jian bang
kaki
tui

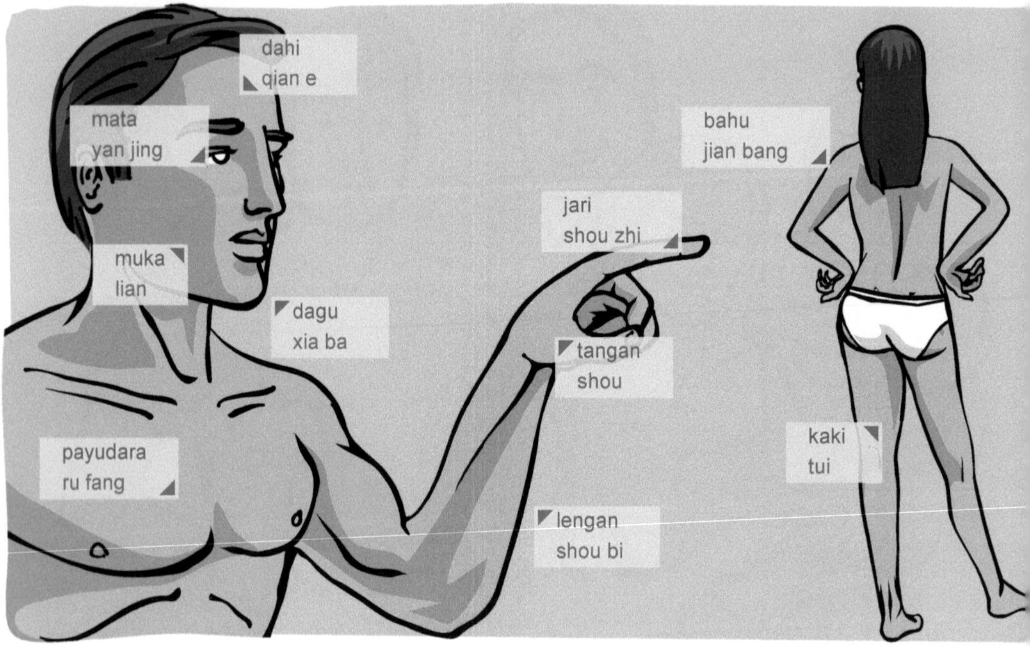

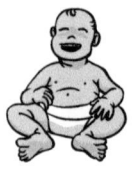

bayi

ying tong

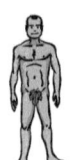

pria

nan ren

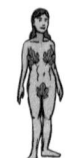

wanita

nü ren

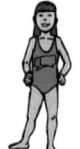

perempuan

nü hai

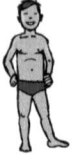

laki

nan hai

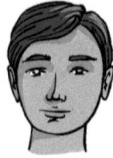

kepala

tou

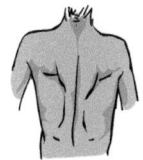

punggung

bei bu

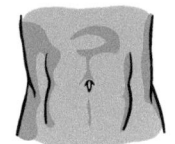

perut

du zi

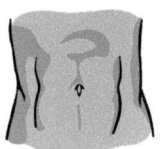

pusar

du qi

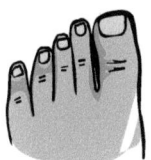

toe

jiao zhi

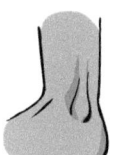

tumit

jiao hou gen

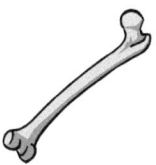

tulang

gu tou

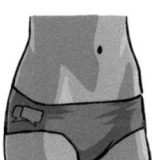

pinggang

tun bu

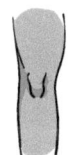

lutut

xi gai

siku

shou zhou

hidung

bi zi

pantat

pi gu

kulit

pi fu

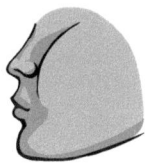

pipi

lian jia

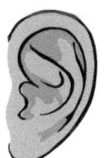

telinga

er duo

bibir

zui chun

mulut

zui

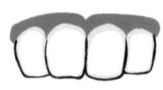

gigi

ya chi

lidah

she tou

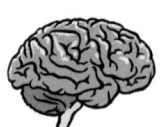

otak

nao

jantung

xin zang

otot

ji rou

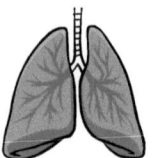

paru-paru

fei

hati

gan zang

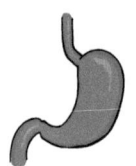

stomach

wei

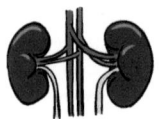

ginjal

shen zang

hubungan seks

xing jiao

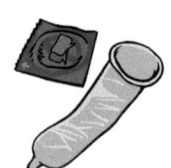

kondom

bi yun tao

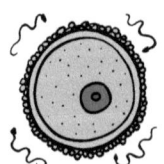

sel telur

luan zi

sperma

jing zi

kehamilan

huai yun

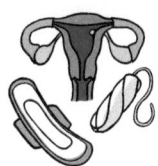

menstruasi
····················
yue jing

vagina
····················
yin dao

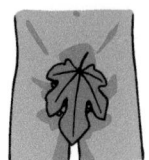

penis
····················
yin jing

alis
····················
mei mao

rambut
····················
tou fa

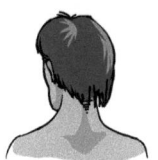

leher
····················
bo zi

# rumah sakit

## yi yuan

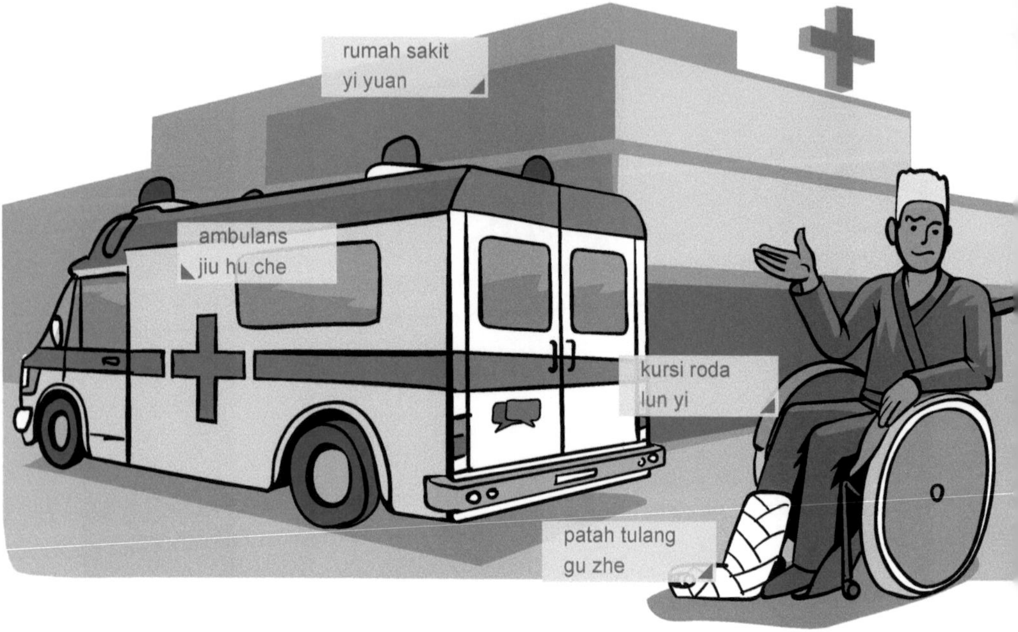

rumah sakit
yi yuan
ambulans
jiu hu che
kursi roda
lun yi
patah tulang
gu zhe

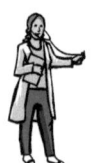

dokter

yi sheng

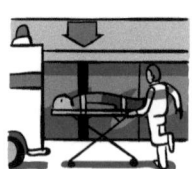

ruang darurat

ji zhen shi

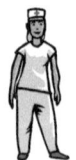

perawat

hu shi

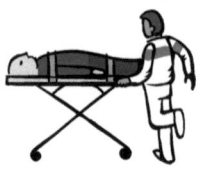

darurat

jin ji qing kuang

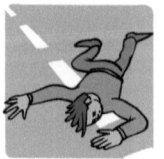

semaput

hun mi

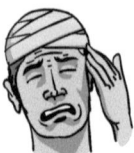

sakit

tong

cedera

shou shang

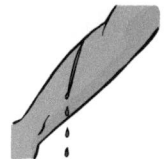

perdarahan

chu xue

serangan jantung

xin zang bing fa zuo

stroke

zhong feng

alergi

guo min

batuk

ke sou

demam

fa shao

flu

liu gan

diare

fu xie

sakit kepala

tou tong

kanker

ai zheng

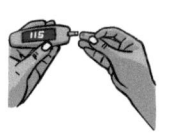

diabetes

tang niao bing

ahli bedah

wai ke yi sheng

pisau bedah

shou shu dao

operasi

shou shu

CT
CT

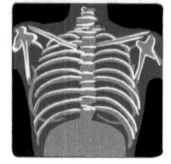

sinar x
X guang

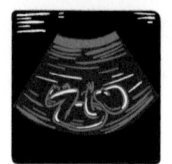

usg
chao sheng bo

topeng
kou zhao

penyakit
ji bing

ruang tunggu
hou zhen shi

penyokong
guai zhang

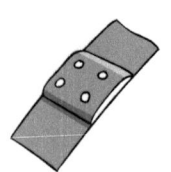

plester
shi gao

perban
beng dai

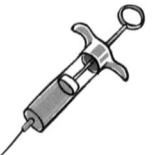

injeksi
zhu she

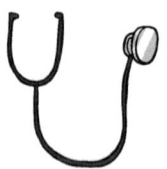

stetoskop
ting zhen qi

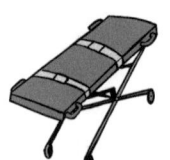

usungan
dan jia

termometer klinis
ti wen ji

kelahiran
chu sheng

kelebihan berat badan
chao zhong

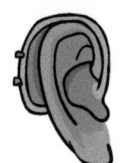

alat pendengar

zhu ting qi

desinfektan

xiao du ye

infeksi

gan ran

virus

bing du

HIV / AIDS

ai zi bing

obat

yao wu

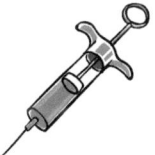

vaksinasi

jie zhong yi miao

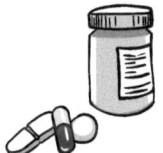

tablet

yao pian

pil

yao wan

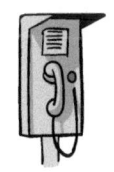

panggilan darurat

ji jiu dian hua

ukur tekanan darah

xue ya ji

sakit / sehat

sheng bing/jian kang

Tolong!

jiu ming!

alarm

jing bao

penyerbuan

tu ji

serangan

gong ji

bahaya

wei xian

pintu darurat

jin ji chu kou

Api!

zhao huo la!

alat pemadam kebakaran

mie huo qi

kecelakaan

yi wai

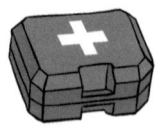

kit pertolongan pertama

ji jiu xiang

SOS

hu jiu xin hao

polisi

jing cha

Eropa

ou zhou

Amerika Utara

bei mei zhou

Amerika Selatan

nan mei zhou

Afrika

fei zhou

Asia

ya zhou

Australi

ao zhou

Atlantik

da xi yang

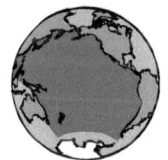

Pasifik

tai ping yang

Samudra India

yin du yang

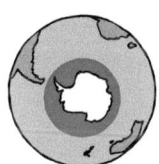

Samudra Antartika

nan bing yang

Samudra Arktik

bei bing yang

kutub utara

bei ji

kutub selatan

nan ji

Antarktika

nan ji zhou

bumi

di qiu

tanah

lu di

laut

hai

pulau

dao

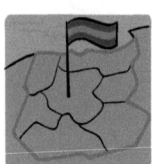

bangsa

guo jia

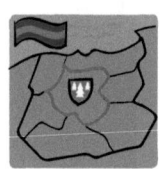

negara

guo jia

jam wajah

zhong mian

jarum pendek

shi zhen

jarum menit

fen zhen

jarum detik

miao zhen

Jam berapa?

xian zai ji dian?

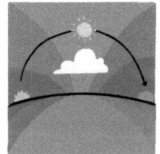

hari

tian

waktu

shi jian

sekarang

xian zai

jam digital

dian zi biao

menit

fen

jam

shi

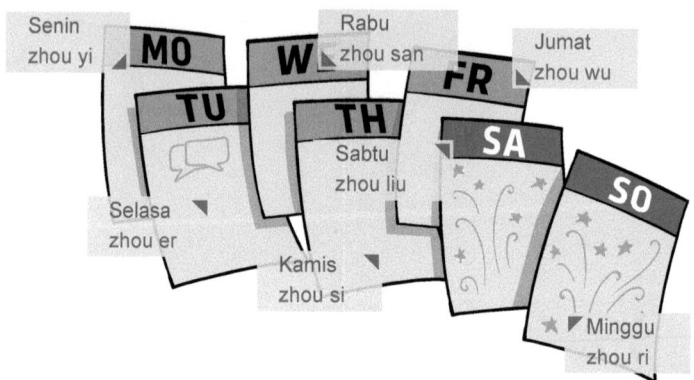

Senin
zhou yi

Rabu
zhou san

Jumat
zhou wu

Selasa
zhou er

Sabtu
zhou liu

Kamis
zhou si

Minggu
zhou ri

kemaren

zuo tian

hari ini

jin tian

besok

ming tian

pagi

zao chen

siang

zhong wu

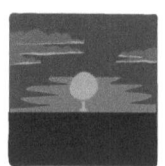

malam

wan shang

hari kerja

gong zuo ri

akhir minggu

zhou mo

hujan
yu

pelangi
cai hong

angin
feng

salju
xue

musim semi
chun

musim gugur
qiu

musim panas
xia

musim dingin
dong

| 4.APRIL | 11° | ☀ |
| 5.APRIL | 4° | ☁ |
| 6.APRIL | 13° | ☁ |
| 7.APRIL | 8° | ❄ |
| 8.APRIL | 10° | ☀ |

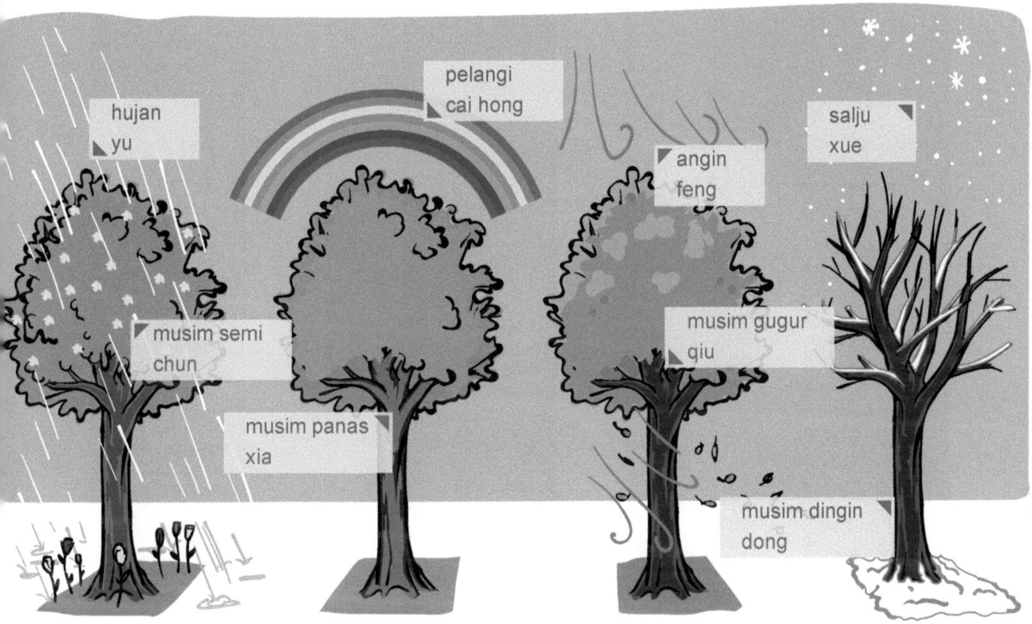

ramalan cuaca

tian qi yu bao

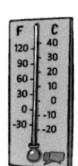

termometer

wen du ji

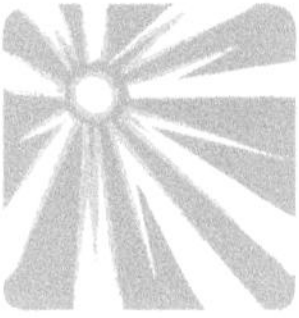

matahari

yang guang

awan

yun

kabut

wu

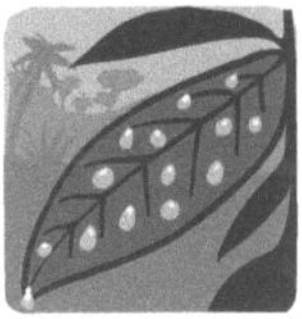

kelembahan

chao shi

kilat

shan dian

guntur

da lei

badai

feng bao

hujan es

bing bao

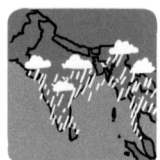

monsun

ji feng

banjir

hong shui

es

bing

Januari

yi yue

Februari

er yue

Maret

san yue

April

si yue

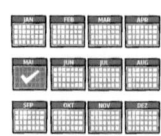

Mei

wu yue

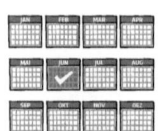

Juni

liu yue

Juli

qi yue

Agustus

ba yue

September
jiu yue

Oktober
shi yue

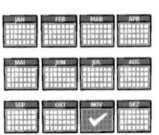

November
shi yi yue

Desember
shi er yue

## bentuk
## xing zhuang

lingkaran
yuan xing

persegi
zheng fang xing

persegi panjang
chang fang xing

segi tiga
san jiao xing

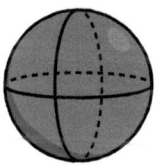

bola
qiu ti

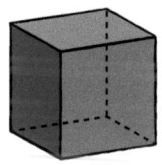

kubus
li fang ti

putih

bai

kuning

huang

oranye

cheng

pink

fen

merah

hong

ungu

zi

biru

lan

hijau

lü

coklat

zong

abu-abu

hui

hitam

hei

banyak / sedikit

hen duo/shao xu

marah / tenang

sheng qi/ping jing

cantik / jelek

mei/chou

mulaih / selesai

shou/wei

besar / kecil

da/xiao

terang / gelap

ming/an

saudara laki-laki / saudara perempuan

xiong di/jie mei

bersih / kotor

gan jing/ang zang

lengkap / tidak lengkap

wan zheng/que shi

hari / malam

bai tian/wan shang

mati / hidup

si/sheng

luas / sempit

kuan/zhai

dapat dimakan / tidak dapat
dimakan
...............
ke shi yong/fei shi yong

jahat / baik
...............
xie e/shan liang

bersemangat / bosan
...............
xing fen/wu liao

gemuk / kurus
...............
pang/shou

pertama / terakhir
...............
di yi/zui hou

teman / musuh
...............
peng you/di ren

penuh / kosong
...............
man/kong

keras / lembut
...............
ying/ruan

berat / enteng
...............
zhong/qing

lapar / haus
...............
e/ke

sakit / sehat
...............
sheng bing/jian kang

ilegal / legal
...............
fei fa/he fa

cerdas / bodoh
...............
cong ming/yu ben

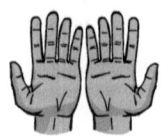

kiri / kanan
...............
zuo/you

dekat / jauh
...............
jin/yuan

baru / bekas
xin/jiu

tidak ada apapun / sesuatu
mei you/you xie

tua / muda
lao/you

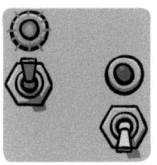

nyala / mati
kai/guan

buka / tutup
da kai/he shang

tenang / keras
an jing/chao nao

kaya / miskin
fu/qiong

benar / salah
dui/cuo

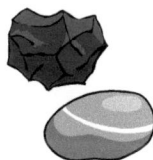

kasar / halus
cu cao/guang hua

sedih / gembira
shang xin/gao xing

pendek / panjang
duan/chang

pelan-pelan / cepat
man/kuai

basah / kering
shi/gan

hangat / sejuk
wen nuan/liang shuang

perang / damai
zhan zheng/he ping

**0**

nol
.............
ling

**1**

satu
.............
yi

**2**

dua
.............
er

**3**

tiga
.............
san

**4**

empat
.............
si

**5**

lima
.............
wu

**6**

enam
.............
liu

**7**

tujuh
.............
qi

**8**

delapan
.............
ba

**9**

sembilan
.............
jiu

**10**

sepuluh
.............
shi

**11**

sebelas
.............
shi yi

**12**

duabelas

shi er

**13**

tigabelas

shi san

**14**

empatbelas

shi si

**15**

limabelas

shi wu

**16**

enambelas

shi liu

**17**

tujuhbelas

shi qi

**18**

delapanbelas

shi ba

**19**

sembilanbelas

shi jiu

**20**

duapuluh

er shi

**100**

seratus

bai

**1.000**

seribu

qian

**1.000.000**

juta

bai wan

Inggris

ying yu

bahasa Inggris Amerika

mei shi ying yu

bahasa Cina Mandarin

pu tong hua

bahasa Hindi

yin di yu

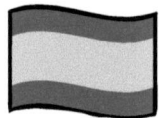

bahasa Spanyol

xi ban ya yu

bahasa Perancis

fa yu

bahasa Arab

a la bo yu

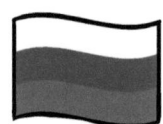

bahasa Rusia

e yu

bahasa Portugis

pu tao ya yu

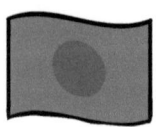

bahasa Bengal

feng jia la yu

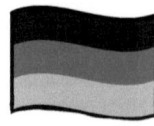

bahasa Jerman

de yu

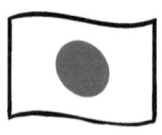

bahasa Jepang

ri yu

saya

wo

kamu

ni

dia

ta/ta/ta

kita

wo men

kalian

ni men

mereka

ta men

siapa?

shei?

apa?

shen me?

begaimana?

zen yang?

dimana?

na li?

kapan?

shen me shi hou?

nama

ming zi

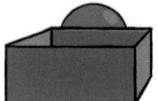

dibelakang

hou mian

di

li mian

didepan

qian mian

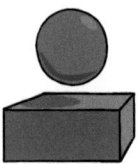

diatas

shang fang

diatas

shang mian

dibawah

xia mian

sebelah

pang bian

di antara

zhong jian

tempat

di dian